JN439514

덕천강

양곡 네 번째 시집

교음사

시인의 말

네 번째 시집을 묶으며

네 번째 시집 『덕천강』을 세상에 내놓습니다. 지리산에서부터 비롯되는 덕천강은 남명 조식 선생의 선비정신이기도 하고 흐름은 남강으로 이어져 진주정신과 경남의 정신을 나타내기도 하고 우리나라의 실천유학과 항일 의병운동의 표상이 되기도 합니다. 저는 덕천강 가에서 태어나 덕천강 가에서 살고 있습니다.

지난해가 환갑이어서 2015년부터 여기저기 흩어놓은 글들을 모아 정리를 하고 싶었는데 경황이 없었습니다.

시업을 시작한 지 어느덧 35년이 지났지만, 아직도 제대로 되었다 싶은 시는 하나도 쓴 게 없다는 것이 솔직한 심정입니다. 아니, 시를 써서 발표를 할 때까지는 이만하면 되었다 싶었는데, 시간이 지나고 나서 활자화된 시를 읽어보면, 나에게 시는 아직도 요원하다는 느낌을 지울 수가 없습니다.

늘 버릇처럼 하는 이야기지만 내가 쓰는 시가 삼류고 볼품이 없다고 해서 시의 본래가 삼류거나 볼품없는 것은 절대로 아닙니다. 내가 쓰는 시만 삼류인 것이고 시답잖은 것이고 쓸쓸하고 외롭고 나약할 따름입니다. 아직도 많은 수련이 필요하고 뼈를 깎는 노력이 필요한 것이 필생의 시업임을 잘 압니다.

언제까지 시업이 계속될지는 잘 모르겠지만 좋은 시를 쓰고 싶습니다. 죽고 나서도 나의 시들이 많은 사람들에게 읽혀지는 참된 시, 에나 시를 쓰고 싶습니다.

너무 일찍 저승으로 가신 어머니와 형님의 박복함이 문득문득 생각 나 눈시울이 뜨거워지기도 하는 날들과, 할머니와 아버지께는 살아계실 때 효도 한번 못해본 게 늘 가슴에 아프게 맺힙니다.

잘 살아야겠다고 다짐을 합니다.

남은 인생 좋은 시를 쓰며 좀 더 착하게 살아야겠다고 다짐을 합니다.

서기 2020년 COVID-19가 창궐하는 봄에

다영 양곡 엎드려 절 드립니다.

| 덕천강 |

· 양곡 시집

· 차례

1부 후원(後苑)에서

2부 밤꽃

3부 덕천강

4부 고백

1부

후원(後苑)에서

후원(後苑)에서

마곡사(麻谷寺)에 찾아갔다

사천(泗川) 또는 사주(泗州)의 …

제주의 눈물, 설움, 한(恨)

산천재(山天齋)

소매물도

다솔사(多率寺)

단성(丹城)장날

율곡사(栗谷寺)

골목

축제(祝祭)

가뭄

사람이라는 기계

탁영대(濯纓臺)에서

김치국밥

어느 날 갑자기

동지팥죽

후원(後苑)에서

겨울나무들도 정자들도 돌이나 흙까지도
안간힘을 쓰고 있다 하루 동안
시간이 흘러가듯 날이 가고 밤이 가는 세월이
흘러가니 어느 한 곳 어디 하나 온전한 데가
있을 리 만무하다 숙종이 장희빈을 버리고
무수리 최씨를 만나 인현왕후를 생각하며 거닐던
산책길에는 국적도 모르는 외국인 내외가 사진을
박으며 즐거워하고 있고 안내 해설사의 이야기를
등불 삼아 나는 진달래꽃이 피어있는 봄날의
노루 사냥 장면을 상상하며 '춘당춘색고금동(春塘春色古今同)'의 춘당대(春塘臺)를 걷고 있다 지난(至難)한 과거를
주마등처럼 떠올리며 겨울 하루를 쓸쓸히 만끽하고 있다
주위의 나무들이나 돌, 흙도 그렇지만 정자들도
일테면 능허정(陵虛亭) 애련정(愛蓮亭) 부용정(芙蓉亭) 등은 얼어붙은 물을 바라보며 시름에 잠겨 있고
수령이 100년 이상 되는 나무들도 한 해의 겨울을 견

디기에는 이제 점점 버거워진다
인공적인 관상수를 심은 것은 아니고 따로
꽃밭을 만들지도 않았다 후원에 남아서 지금까지
후원을 지키고 있는 모두는 겨울을 견디기 위해
한 해의 겨울을 나기 위해 사연도 많고 아픔도
많았던 조선왕조의 슬픈 역사를 겨울 동안 지켜내기
위해 안간힘을 쓰며 버티어 내고 있는 것이다

*후원(後苑): 창덕궁 후원을 말함.

마곡사(麻谷寺)에 찾아갔다

글로만 읽던 마곡사에 찾아간 날은 해탈문 근처에서 냄새를 풍기는 은행알들이 마음대로 나뒹구는 겨울날이었습니다. 순조 때 지었다는 대적광전 비로자나불상은 동쪽을 향해 바라보며 앉아 계시고 뒤편의 대웅보전은 1651년에 지어졌다는 내력을 알려주듯 북쪽을 등진 채 남쪽을 바라보고 계셨습니다. 서쪽 봉우리를 바라보고 선 오층석탑은 티벳 풍의 대승불교를 알리는 것이라며 쇳덩이로 만든 복발과 앵화를 머리에다 이고 있었고 백범 김구 선생이 일본 놈들에게 쫓기는 몸으로 좀 숨어 지냈다는 건물 옆에는 향나무 한 그루가 기념식수로 보호되고 있었습니다. 말로만 글로만 듣고 알았던 마곡사에 마음 내어 찾아갔던 날은, 해는 뉘엿뉘엿 져 가고 삼나무처럼 빼곡하게 사람들이 붐볐다는 계곡에는 발길이 한적해진, 겨울 찬바람이 십이월의 나뭇잎을 비질하고 있는 저녁때였습니다.

사천(泗川) 또는 사주(泗州)의 매향(埋香) 또는 침향(沈香) 비(碑)

고려 우왕(禑王) 13년 서기 1387년 8월 28일

우바새우바이비구비구니 4,100명이 모여(優婆塞優婆夷比丘比丘尼 都計四千一百人)

참나무를 땅에 묻나니 매향 침향을 하나니

56억 7천만 년 후에 나타날 미륵부처를 기다리나니

미륵부처가 나타나는 용화세상을 꿈꾸며 바닷물과 민물이 만나는 곤양면 흥사리 묵곡천 광덕만에 향(香)을 묻나니

"더없이 오묘한 정성 공경의 응보를 받고자 한다면 반드시 없어서는 안 될 실행과 소원을 함께 하여야 서로 돕게 되는 것이다. 정성으로 닦고 실행하되, 소원이 없으면 그 실행은 반드시 홀로 외로워지고, 소원하되 실행하지 않으면 그 소원은 반드시 홀로 허망한 것이다. 실행이 홀로 외로우면 오묘한 정성 공경을 잃게 되고, 소망이 홀로 어이없고 공허하면 복록(福祿)이 부족할 것이니 믿음과 소원을 모두 나란히 운용(運用)한 연후에 바야흐로 깊은 선과

(善果)를 얻게 될 것이로다(夫欲求无上妙果必須行願相扶有行无願其行必孤有願无行其願虛設行孤則果喪願虛則福劣二業雙運方得助○妙果)"

고려 태조의 여덟 번째 아들 욱(郁)은 불륜의 죄를 범해 서기 992년 7월 사수현(泗水縣) 성황당(城隍堂) 남쪽 귀룡동(歸龍洞)으로 유배를 오고 뒤이어 배방사(排房寺)로 부쳐져 온 불륜의 자식과 부자상봉 고자봉(顧子峯)을 넘나들다가 서기 996년 7월'내가 죽거든 시체를 엎어 묻어 달라'며 죽자 천애고아로 자란 순(詢)은 고려 8대 현종(顯宗)이 되고 현종 6년 서기 1015년 윤 6월에 지금의 사천은 사주가 되었다(昇泗水縣爲泗州) 이로써 사주는 풍패지향이 된 것이다(泗州是豊沛之地)

아득하여라, 매향한지 7백여 년이 지난 세월 동안 침향은 향촌동 용두머리에든 곤양면 홍사리 광덕만에든 아직도 물속에 땅속에 묻혀 있을지니 미륵처럼 미륵불처럼 이 세상에 나와 향으로 공양드릴 일

참말로 아득하기도 하여라

참말로 아득하기만 하여라

제주의 눈물, 설움, 한(恨)

-4·3항쟁 70주년

제주에 봄날이 오면 유채꽃 올레길 따라 피어나고 그보다는 더 먼저 동백꽃 가는 곳마다 모가지를 툭 툭 내던지며 길바닥까지 나뒹굴고 동백꽃잎 굴러가는 발자국 그 위로 푸르기만 한 하늘 까악까악 까마귀 날아들더니 밭이랑 가득히 밀감이며 한라봉 그러그러한 노랑색 빛깔들 순식간에 오름을 치고 올라가 한라산 정상 백록담에 이르면 야생의 고라니 노루 몇 마리 화들짝 놀라 조랑말 날뛰듯 천방지축 뛰어다니는 이시돌 목장의 목가적 풍경 이것이 나는 제주의 본 모습이자 전부인 줄로만 알았다

2018년 4월 27일~29일, 4·3항쟁 70주년 전국문학인대회 '그 역사, 다시 우릴 부른다면'을 만나면서 나는 제주에 숨어 있는 눈물 멍울져 있는 그늘 잊혀져가는 상처 이제는 이야기를 꺼내기조차 아프기만 한 아픔 이런 설움, 한(恨)같은 것들이 제주의 땅이고 숲이고 풀밭이고 돌밭이고 바람밭을 이루며 그냥 보이는 것은 보이는 대로

낭만이나 풀빛이나 아름다운 능선의 끝으로 남아
제주의 밤바다처럼 언제나 출렁이고 있다는 것을 알았다

산천재(山天齋)

지리산(智異山)에 천왕봉(天王峰) 있어
하늘과 땅 사이

진정 배움도 가르침도 없이

우뚝 매화(梅花) 한 그루 심어놓고
우뚝 상정(橡亭) 하나 세워놓고

철마(鐵馬)가 달리는 세상

독야청청(獨也青青)
독야청청(獨也青青)

소매물도

벼르고 벼르던 소매물도에 찾아갔다 매물도라는 말은 말의 꼬리, 말미도가 변해서 마미도 매매도 매물도로 변했다고 한다

통영에서 배를 타고 한 시간 남짓 가면서 비진도 연대도를 보고 있는데 옆자리에 앉은 노부부가 난생 처음 섬으로 가본다며 파도가 부서지는 모습이며 날아오르는 갈매기 떼가 신기하고도 아름답다고 연신 휴대전화로 사진을 박고 있었다

이윽고 배가 선착장에 닿아 배를 내리는데 배를 내려서 선착장을 오르는 부교길이 그리 만만치가 않다

한 평생 세상을 살아가면서 사람이 나이가 들어갈수록 해서는 안 될 일들과 하고 싶어도 못하는 일들이 자꾸 많아지듯이 때론 어려워지고 힘겨워 보이는 일들도 어떤 일

에서는 더 쉽고 더 가벼워질 때도 있는 법이라는 이야기를 그 어디에서 들은 적이 있는데 오늘이 그런 날이 아닐까 하는 생각을 나는 문득 밑도 끝도 없이 하고 있었다

다솔사(多率寺)

그날은
대양루(大陽樓) 목어가
웃고 있었다

스님 두어 분
적멸보궁(寂滅寶宮) 앞마당을 쓸고
서까래가 무너진 해우소를 고쳐 세우고

속이 텅 빈 고목 속을
사람들이 드나들고, 많고 많은
사람들이 무시로 드나드는 사이

부처님 진신 사리탑과 황금편백나무
사이로
때까치 몇 마리 날아들고 있었다

단성(丹城)장날

1919년 3월에는 22일 날 장이 열렸다
어제 거행한 독립만세운동에
열 한 명의 주동자는 지금
주재소에서 취조를 당하고 있고
오후 세 시경 팔백 명의 군중들이 모여
단성주재소로 돌진을 한다
헌병들은 총을 쏘아
다섯 명이 현장에서 순국을 하고,
봄날 뿌리째 뽑혀 팔려나온 묘목들
주인 만나기를 기다린다 털이 빠진
오리 닭 흰 오골계 햇병아리들
트럭 짐칸 철망 안에서 강아지들이
웅얼대는 사이 과일 좌판과
국화빵을 구워내는 벙어리 부부 리어카
열심히 햇살을 받고 있다
단기 4349년 3월 25일 단성장날

양복을 다려 입은 면장과 군의원이
점심 식사를 하러 지나는 길목에
너도나도 반갑다며 악수를 건네는 장꾼들
대한민국은 민주공화국이다
대한민국의 주권은 국민으로부터 나온다

*단성(丹城)장날: 경남 산청군 단성면 소재지의 5일 10일 서는 전통시장 오일장

율곡사(栗谷寺)

원담 스님 웃으시네 서기 651년 신라 진덕여왕 5년 원효 스님이 의상 스님과 법 겨루기를 즐기시다가 어느 날 오후 새신바위에 걸터앉아 문득 세우기로 하셨다는 율곡사는 조선시대 한때는 목침절이라고도 했는데 절의 스님이 목수가 절을 짓는 것인지 안 짓는 것인지 궁금해 슬쩍 시험을 걸어보기도 하고, 붓을 물고 날아다니며 대웅전 단청을 하는 새를 원효 스님이 일러둔 이레를 지키지 못해 산으로 날려 보내기도 한 절 율곡사에는 1684년 조선 숙종 10년부터 어마어마한 괘불이 하나 있었는데, 이 괘불탱을 당간지주에 내 걸어놓고 선남선녀 사부대중이 한데 어울려 천수바라춤을 추며 기우제를 올리면 그때는 틀림없이 하늘에서 비가 온다는 이야기가 전해오는데 오늘은 원담 스님 웃으시네

*율곡사: 경남 산청군 신등면 정수산에 있는 절

골목

봄이면 노란 개나리가 피어나는 언덕이 막다른 골목에는 가로 막고 있었다 길은 갈라져 오른쪽으로 가면 시내쪽으로 들어가고 왼쪽 방향으로 더 가면 교외의 산속 숲길로 이어졌다

입구를 들어설 때마다 나는 긴 여행을 떠나는 사람처럼 입이 바싹바싹 마르기도 했다 가끔은 긴장된 마음 때문에 설레어야 할 새로운 호기심이 깡그리 사라지기도 했다 중간쯤, 휘어진 모퉁이에는 구멍가게가 하나 있었는데, 조무래기 아이들이 가끔씩 집을 빠져나와 뽑기를 해먹기도 하고 사탕을 사서 먹기도 했다

어느 날에는 변소를 퍼는 중년의 아저씨가 양 어깨에 똥통을 걸머진 채 구슬땀을 뻘뻘 흘리며 오르막길을 오르고 있는 것을 본 적이 있다

집 주인은 백수였지만 한량이었고 나는 휴일이면 셋방에 드러누워 책을 읽거나 마음을 다스리는 공부에 열중하는 대학생이었지만 소득은 늘 별로였다

띄엄띄엄 가로등이 있긴 했으나 밤은 언제나 어두웠고 낮은 산동네의 그 눅눅한 침음함으로 담벼락에다 담쟁이를 키워내기도 했지만 넝쿨들이 얽혀 젊디젊은 나의 인생을 목조여 오는 듯 했다

그때 그 골목에서는 아침이 와도 밥을 짓는 연기가 피어오르는 풍경을 본 적이 한 번도 없었던 것 같다

축제(祝祭)

야간 노동을 끝낸 인근의 농공단지 노동자들이
이미 축제장을 가득 메우고 있었다

개막 시간에 이르자
팡파르가 울리고 넥타이를 맨
양복쟁이들 몇몇이 무대 위를 오르내리며
시상식을 거행하고 있었다

상(償)을 주고 상(償)을 받는 일
이 세상 사람들이
살아가면서 서로 축하하고
가장 즐거워하는 일

축제장 가까이에 있는 주차장에서는
농한기의 차량들이 주차난을 겪고 있었다

가뭄

지구 온난화 때문인지 유사 이래 가장 덥다는 2016년 8월 중순 다섯 시간이나 관광버스를 타고 더위를 피해 점심때가 다된 허기진 마음으로 우선 물이라도 한 잔 얻어 마실까 싶어 공작산 수타사(孔雀山 壽陀寺) 경내로 들어서는데, 입추 지난 태양은 아직도 삼복중이라며 머리끝에서 작열하고, 내린천 지나 물이란 물은 어디로 땅속으로 다 숨어버렸는지 얼도 혼도 빠져버린 채 비탈진 목숨만 비틀비틀 공작이 알을 품는다는 산길을 걸어가고 있는데, 우후죽순처럼 돼지감자가 수북이 자라 있는 저 곳이 한때는 미나리 재배로 죽어가는 한 목숨을 기꺼이 살려내기도 했다는 안내방송이 불현듯 생각나 저기 어디쯤에 마실 물이 있을지도 모르겠다며 막 수타사 경내로 들어서는데.

사람이라는 기계

아무리 먹어도 지치지 않는다
아침을 먹고 새참을 먹고
점심을 먹고 반주를 하고 오후에도 참을 먹고
퇴근길에 주막에 들러 삼겹살을 구워 소주를 마시고
저녁을 먹고
밤 열시가 넘어 집으로 들어와 야식을 챙겨 먹어도
사람이라는 기계는 먹는 일을 멈출 줄 모른다
먹는 것만 아니라 틈틈이 집을 짓고 나무를 베고
운전을 하고
강의를 할 때도 사람이라는 기계는 쉴 줄을 모른다
아이들이 다 잠든 한밤중에
부부가 연애를 할 때도 사람이라는 기계는 멈추지 않는다
사람이라는 기계가 차를 달리게 하고 비행기를 날게 하고
망망대해에 배를 띄운다
우리들은 모두 사람이라는 기계에 얹혀
오고가고 먹고 마시고 울고 웃고 일하고 잠잔다

사람이라는 기계만이 우리들의 유일무이한

힘이다 영원이다 세상이다 희망이다

탁영대(濯纓臺)에서

평생을 먹고도 남았을 십리 은하(銀河) 덕천강 물
이제는 저 멀리 발아래로도 한참이나 비껴 나
아득한 거리에서 흐름은
중종(中宗)이 승하(昇遐)를 했는지?
꺽지가 아가미 쪽에 푸른 반점을 갖고 되살아났는지?
제 갈 길 찾아
저 홀로 450여 년을 흘러가고
머리 들어 서쪽 하늘 치어다보면
지리산 천왕봉이 굽어보는 원류(源流)
그 어느 발치쯤에 대원사(大源寺)는 자리했을지니

여기사 탁영대란다
물이 흐리면 발을 씻고
맑은 물이면 갓끈을 씻는다는…

*탁영대: 경남 산청군 단성면 지리산대로(백운리 소리당) 입덕문 아래 덕천강가에 있음.

*굴원(屈原)의 어부사(漁父詞): 滄浪之水淸兮 可以濯吾纓 滄浪之水濁兮 可以濯吾足

김치국밥

아버지는 소장수였다 새벽같이 소 몇 마리를 몰고
수곡장이나 옥종장 완사장으로 떠나야했다
한겨울에도 첫닭이 울면 어머니는 고단한 잠자리를
떨치고 일어나 김치국밥을 끓이셨다
장길 떠나는 남편을 위해 뜨거운 국밥 한 그릇
끓였다 날은 어둡고 꽁꽁 얼어붙는 손을 호호
불어야할 만큼 날씨는 차갑고 마을의
공동우물까지 먹을 물을 이러 다녀야 했다
물동이에는 새벽별 새벽달이 둥둥 떠 있었다
마구간의 소들은 이때부터 길 떠날 채비를 했다
끓여놓은 소죽을 먹기도 하고 짚신을 신기도 했다
나무로 불을 때서 끓여내는 김치국밥에 멸치는 필수였다
떡시루 속에서 물 주어 길러낸 콩나물을 뽑아 넣어야 했다
운 좋은 날은 달걀도 한두 개 풀어 넣었다
설 명절 가까이에는 가래떡을 썰어 넣기도 했다

완사장이나 옥종장 수곡장까지 함께 가지 못하는 나는
아버지가 먹고 나가신 뒤 남은 김치국밥을 먹었다

어느 날 갑자기

어느 날 갑자기
죽음은 온다
저승사자를 앞세우고
귀신같이
레떼 강가 초원에서 풀을 뜯다가
맹수에게 쫓기기 시작하는 누 떼처럼
한꺼번에 죽음은 달려온다
머리에서 발끝까지
왼손에서 오른쪽 발끝까지
오른손에서 왼쪽 발끝까지
죽음은
순식간에 찾아온다
잠을 자다가 뇌졸중으로
길을 가다가
심근경색으로
검사를 하면 정기검진에서는 잘 안 나오는

암세포처럼

허공에다 시험 발사를 하는 북한의 미사일처럼

죽음은 언제 어디서든

갑자기 온다

조금 전 세상을 떠났다는 친구의 부음으로

째깍째깍 시계바늘 소리로

벽장 속 어딘가에 숨었다가

어느 날 갑자기 죽음은

전격적으로 온다

눈앞이 캄캄한 어둠을 끌고,

동지팥죽

이른 새벽 첫닭이 울기 전, 기침을 하신 할머니는 방안 윗목에다 촛불을 먼저 밝히셨다 어머니는 아궁이에 불을 지펴 살얼음이 낀 물을 데워 방안으로 들어와 우리는 다 함께 새알을 비볐다

첫닭이 울 때쯤 마을의 종숙모님들은 끓인 팥죽을 한 그릇씩 머리에다 이고 언제나 죽은 사람보다는 산 사람이 먼저라시며 할머니께 동짓날 새벽 문안인사를 드리러 오셨다

할머니는 그릇에 담은 팥죽을 장독 헛간 소마구 등에다 갖다놓고는 한 그릇 담아들고 집안 구석구석을 찾아다니며 숟가락으로 퍼 흩뿌렸다 팥죽을 같이 먹어야할 분들은 집안 어디에든 있는 것이고, 할머니는 집안을 지키고 있는, 우리들 눈에는 보이지 않는 그런 분들이 있기에 우리 가족들은 이렇게라도 살아갈 수가 있는 것이라고 굳게

믿고 있음을 몸소 보여주시는 것이었다

어머니는 종숙모님들이 줄줄이 갖고 온 팥죽 그릇을 일일이 비워, 비워진 그 그릇에다가 그때까지 끓인 우리 집 팥죽을 담아 채워서 사립문 바깥까지 배웅을 해드리곤 했다

2부

밤꽃

밤꽃
쌓인다
나의 커피포트
먼 길
향기(香氣)
신(神)
고 박노정 시인(故 朴魯貞 詩人)
벌써 십 년이 되어버린 고(故)정규화 시인
정월 대보름날
제과 제빵 실습실에서
스며들다
조금은 희미한 기억의 실루엣
지진(地震)
더위
저 불빛
누룽지
덕천서원(德川書院)

밤꽃

밤마다 꽃이 핀다는 전설 같은 이야기가 전해오는 마을에
살던 젊은 날이었다 낮에도 이따금 숲속에서 소쩍새가 울고
밤새 윗마을에서는 큰애기가 또 하나 대처로 단봇짐을 쌌다는 소문이
푸르러가는 산빛을 따라 파다하게 마을에 퍼지던 시절이었다
조금은 철 이른 불볕이 한낮이면 모내기 하는 논바닥 물을 끓이고
어둠이 모깃불 연기처럼 무릎 아래까지 몰려와도 마을 사람들은
아랫마을 정자나무 밑이나 타작마당에 내놓은 평상 끝에 몰려 앉아
손부채를 부치거나 삶은 햇감자를 까먹으며
길어지는 가뭄을 걱정하던 시절이었다

마을의 어른들 몇몇이 동구 밖 휘영청 달빛 아래 서서 담배에

불을 나눠 붙이며 올해도 '밤꽃은 참 많이도 피는구나!' 하며

아낙네들의 밤 마실 길을 은근히 걱정해야 했던 날들이었다

쌓인다

쌓인다 쌓여
눈 오는 날 흰 눈이 쌓이듯
소문에 소문이 쌓이고
쓰레기 더미에 쓰레기가 쌓이고
거짓말 위에 거짓말이 쌓인다
지붕 위에 집이 쌓이고
사람의 머리 위에 사람이 쌓인다
똥 덩어리 위에 똥 덩어리들이 쌓이고
싱크대 위에 밥공기들이 쌓인다
생각에 생각이 쌓이고
걱정 끝에 걱정이 쌓이고
소리에 소리가 쌓인다
스트레스에 스트레스가 쌓인다
죄 위에 죄가 쌓이고
하느님 위에 하느님이 쌓인다
목숨들 위에 목숨들이 쌓이고 쌓여서

산이 되고 하늘이 되고
비 오는 날 빗물이 쌓이듯
피로에 피로가 쌓이고
햇빛에 햇빛이 쌓여서
이루어진 세상
쌓인다 쌓여

나의 커피포트

물을 끓인다 차를 끓인다
벗은 나에게 술 보다는 차를
마시는 게 좋을 것 같다고 했다
태생으로 술에 약한 나를 위해
먼 길을 머다 않고 벗은 날아와
커피포트 하나를 선물로 사주고 갔다
혼자인 채로 가끔 나는 커피포트에
차를 끓인다 우정을 끓인다
끓인 물에 차가 우려질 동안
벗과 지내온 세월들을 생각하기도 하고
차 한잔을 마시다가보면 벗의 안부가 궁금하기도
하고 벗의 건강을 염려해 보기도 한다
함박눈이 뭉텅뭉텅 쏟아지는 오늘 같은
오후에는 하얗게 어두워지는 허공 쳐다보며
하염없이 어두워지는 하늘 쳐다보며
물을 끓인다 우정을 끓인다

먼 길

모랭이모랭이 돌아서 가네
굽이굽이 넘어서 혼자서 가네
봄날에 봄을 찾아서 가는 길
황사바람 불어서 어지러운 길
미세먼지 목에서 기침이 나는 길
어머니 아버지 찾아서 가는 길
형제도 처자식도 두고 가는 길
눈물 삼키며 맨주먹 불끈 쥐고 가는 길
산을 넘고 강을 건너서 가네
골짝을 지나 들을 가로질러서 가네
바람에 실려서 향기를 찾아서 가네

향기(香氣)

초저녁 잠 든 사이 그대 벌써 다녀가셨는가
별들 무성한 하늘 한가득
볼에 스치는 바람결도 산들거리네

눈길 가는 저 어둠의 뒤끝을 잡고
밤 물결쳐 산등성이를 넘어가면
행여 그대 만날 수 있을 일인가
크윽크윽 이따금 들려오는 산짐승들 울음소리

생각해보면 꽃인 그대
늘 그대가 빛이었고 내가 어둠인 이승의 삶
그대 찾아 내가 그리워하기보다는 그대가
먼저 나를 찾은 뒤 늦게 깨닫는 나의 한평생

나는 그대 그림자만 쫓아다니는 연인인가
하늘 한 가득 별들 무성한
달빛 사이로 은은한 바람결도 산들거리네

신(神)

일평생 고생만 하시다가 숨이나 한 번 돌리실 만할 때
문득 이승을 떠나신 어머니의 삶을 생각할 때,
당신의 몸을 지키기 위해서는
무엇이든 몸에 좋다면 먹어야 한다는 의사의 말조차
끝끝내 듣지 않던 형이 여든을 넘긴 아버지 보다 앞서
세상을 하직 할 때,
이 세상에 신은 없다는 것을 나는 알았다

해마다 음력 칠월 그믐이면 벌초를 한다
증조부모 산소와 조부모, 부모님의 산소를 살펴보고
형의 산소를 둘러보면 이 세상에는 없는
신이 저 세상에는 있을 지도 모르겠다는 생각이 들 때가
가끔 있다 천둥 번개로 요란하던 소낙비가 뚝 그치거나
뙤약볕 속을 헤치며 시원한 바람이 불어 올 때가 그렇다

고 박노정 시인(故 朴魯貞 詩人)

유발거사(有髮居士)였다
술은 마시지 못해 차를 즐기며
돈 많고 힘 있는 사람들과 어울리기보다는
언제나 약하고 가난한 사람들과 어울리기를 좋아했다

시(詩)를 좋아했고
문화와 예술을 좋아했다
무엇보다도 올곧고 결 바른 시대의
민족정신을 좋아했다

에나 진주 사람이었다
옳고 바른 일에는 늘 앞장서고자 했고
시들어져가거나 꺼져가는 목숨들에게는 슬그머니 다가가
빙그레 미소를 지으며 새로운 생명과 가치를 불어넣어 주곤 했다

*고 박노정 시인(故 朴魯貞 詩人: 1950. 3.~2018. 7. 4.)

벌써 십 년이 되어버린 고(故) 정규화 시인

형을 이승에서 보낸 지가 십 년이 다 되었지만
우리는 아직도 잊을 수가 없습니다

그렇게 외치시던 우리의 소원
통일은 아직도 아득히 멀기만 한데
이 나라 민주주의는 이제 겨우 밑돌은
하나가 제대로 놓인 것 같기는 한데

형이 떠나시던 황망했던 그날을
아직도 우리는 잊을 수가 없습니다
오로지 시만을 생각해야 했고
오로지 시만을 쓸 수밖에 없었던
마산에서의 삶의 마지막 그 참담했던 날들

일주일에 세 번씩은 피를 걸러야 했던
생활 속에서 삶이 시가 되고 시가 삶이 되는

후배들과의 끈끈한 정만은
끝끝내 놓지 않았던 시에 대한 그리움 그 정열

하룻밤에 서른 편의 시를 쓴 적도 있었다던 그 시절
외딴 방에 찾아드는 것이라고는 낮에는 햇빛
밤에는 어둠밖에 없었던 그 어둠을 동무삼아
홀로 버티다가 아침이 오면 차라리
바람이 되어 사라지고 싶다던 그 말씀 그 외로움

이 나라 민주주의는 이제 겨우
밑돌 하나 제대로 놓인 듯하고
그렇게 부르짖던 우리의 소원
통일은 아직도 아득히 멀기만 한데

오로지 시만을 생각해야 했고
오로지 시만을 쓸 수밖에 없었던

마산에서의 삶의 마지막
그 황망했던 지난한 날들

형이 이 땅을 떠나신 지가 십 년이 다 되었지만
우리는 아직도 잊을 수가 없습니다

*2017년 6월 11일 故 정규화 시인 십 주기(十週期)에 부치다.

정월 대보름날

복조리에
세 집 이상의 오곡밥을
얻으러 다니며 아이들은
더위를 헛 팔기도 했다
아침 일찍 일어나 부럼을 깨고
두부를 먹고 생선을 먹고
아주까리 잎에 밥을 싸서는
올봄에는 나물을 뜯으러 절골 쪽으로 가면
꿩알을 몇 낱 주울지도 모른다는 생각을
잠시 하기도 했다
귀밝이 술잔을 나누다가
산판으로 올라가 달집 지을 나무를 끌었다
집집마다 짚단을 모아들고
지난밤 사랑방에 모여 꼬아둔 새끼타래를 들고 와
달집을 지었다 상대 끝에는
설날을 보내는 동안 창공을 날던 연을 매달고

소원이 절실한 마을 청장년 하나

달이 뜨기도 전에

막걸리 한 말을 내기만 하면

올해는 달집에

불을 지를 수가 있을까 몰라

제과 제빵 실습실에서

누군가는 무엇이든 죽어야만 사는 일이 세상에는 있기에 밀가루는 빵이 되고 누룩은 술이 된다 나는 더운 여름날 제과 제빵 실습실에서 과자를 만들고 팥 앙금을 넣은 빵을 만들고 케이크를 만든다 강사는 여전히 하나가 죽어야 하나가 사는 법을 강의하고 있고 나는 나를 죽이고 내 삶을 죽이고 내 청춘을 죽여야만 내가 살고 내 청춘이 살고 내 삶이 사는 방법들을 생각하며 제과 제빵 실습실에 앉아 밀가루를 반죽해서 과자를 만들고 빵을 만들고 아기자기한 모양으로 케이크를 만든다.

스며들다

세계인권선언일인 12월 10일 아침 늦잠 속으로 겨울비가 스며들었다 일어나자 이십오일 전 조계사에 숨어들어 은신했던 전국민주노동조합총연맹 한상균 위원장이 조계종 화쟁위원회 위원장 도법스님과 함께 관음전을 빠져나와 대웅전으로 계단을 올라가 부처님께 삼배예불을 드렸다.

살인범도 파렴치범도 강도 절도 폭도도 아닌 집회와 시위에 관련된 법 위반 여덟 개의 죄명으로 쫓기는 그는 자승 총무원장을 면담하고 다시 또 투쟁 투쟁을 간간이 외치며 조계사 일주문을 순순히 걸어 나와 자진 출두, 빗물이 스며들 듯 남대문경찰서로 잡혀갔다.

지금은 80만 명의 전국 조직을 이끌고 있지만, 1981년 광주에서 기계고등학교를 졸업한 후, 그는 삼십여 년을 이 땅에 이천만 노동자의 한 사람으로 물이 스며들 듯 살아왔다. 2009년 쌍용자동차 평택공장 77일간의 구조조정반대 파업투쟁, 3년 만기 복역 후 2012년 8월 해고 노동자 복직을 위한 171일간의 송전탑 고공농성 투쟁 등의 경력이 가끔씩 신문과 방송에 경찰의 일급 수배자로 떠오르곤 했다.

'비정규직 철폐' 머리띠를 질끈 동여맨 채 노동법 5대 개악을 기자 회견하는 그가 해고 노동자 신분으로 살아온 그동안의 고단한 삶이 내 마음속에 겨울비로 스며들었다.

조금은 희미한 기억의 실루엣

밤이면 지리산 세석평전에서는 철쭉이 목을 놓아 울던 봄날이었습니다. 오월인데도 지리산에는 가끔씩 눈발이 희끗희끗하던 시절이었습니다.

작년 이맘때는 이 나라 어디 선가에서는 총과 칼이 사람을 겨누고 총과 칼이 사람을 죽이기도 했다는 소문이 꽃잎처럼 날라 다니던 시절이었습니다.

산으로 들어오기 전, 사회사상사 강의실은 모두가 잠든 듯이 고요했습니다. 젊은 교수가 더 젊은 학생들을 앉혀 놓고 칼 마르크스와 막스 베버를 함께 읽기도 했습니다.

어느 날 벤치에서 점심시간의 한때를 희희낙락하고 있는데, 도서관 5층 옥상에서 누군가가 몸을 날렸습니다. 우리는 '퍽' 하는 소리와 함께 휘날리는 종잇장들을 볼 수가 있었습니다.

한동안 정적이 흐른 뒤

여기저기서 사람들이 달려오고 이내 앰뷸런스가 도착했습니다.

한 사람의 생과 사에 대한 관심보다는 우리는 흩날리는 종잇장에 대한 관심이 더 컸고 그 사람은 누구일까? 왜일까?에 대해서는 이내 잊어야 했던 날들이었습니다.

그때 우리는 듣지 못했지만 전설같이 들리는 소문에 의하면 '퍽' 소리가 나기 전, 몸을 허공에 날리며 그는 '민주주의! 만세!'라고 외쳤다 했습니다. 누가 듣건 듣지 못했건 그는 하고 싶은 말을 하면서 죽어갔다고 사람들은 캠퍼스를 가로질러 바람소리로 나뭇잎을 흔들며 전했습니다.

봄날이었습니다. 얼굴을 치켜들면 천왕봉이 이마처럼 바로 보이는 지리산 세석평전에서는 철쭉이 빨갛게 마음속을 타들어 가던 오월의 늦은 봄날이었습니다.

지진(地震)

비가 오는 것을 하늘이 운다고 했다. 장마는 그러므로 하늘이 큰 슬픔에 빠진 것이라 생각했다 하늘이 땅에게 내리는 슬픈 예시거나 슬픈 경고라 생각했다. 사람들은 장마 끝에 홍수가 날 때는 하늘의 슬픔이 극에 달했거나 이 참에 모든 것을 새로 시작하자고 사람들에게 비로소 말을 거는 것쯤으로 알기도 했다. 하늘이 그러는 사이 땅은 무엇이든 참고 견디는 미덕을 우리에게 보여주다가 어느 날 이젠 더 이상 견딜 수가 없다는 듯 액상화를 토하고 투석전을 벌이듯 건물의 외벽을 털어 길가에 내던지며 온몸을 부르르 떨었다. 사람들은 놀라고 놀라서 혼비백산 하늘의 눈치만 보며 살아온 날들을 깊게 반성하는 계기가 되었다. 그 동안 하늘의 뜻만 살피며 살아 온 날들을 후회하는 듯 이젠 땅의 눈치도 보아가며 살아야 한다는 것이 조금은 난감한 일이지만 어쩔 수가 없다는 듯 하늘에게만 지내던 제사도 이제는 땅에게도 정성을 다해 제사를 지내기로 작정을 하고 땅의 심기를 건드리지 말 것을 다짐하며 전전긍긍해야 할 날들이 우리에게도 닥쳐왔다고 했다.

더위

정월 대보름날 신새벽
아이들의 입에서 사가라고 외쳐지던
더위가

오늘 점심때는
하늘 가운데 붉게 이글대는 햇덩이로 떠 있더니

퇴근길에는
경호강 강가에서 쏘가리·은어를 낚는
낚시꾼들의 챙 넓은 모자 위에
노을로 앉아 있더니

지금은 방안에서는 에어컨에 쫓겨나와
우렁찬 밤꽃 향을 맡으며 마당가
한 평 남짓한 평상에 걸터앉아
선풍기에 부채에 시달리며 모깃불과
함께 소담한 여름밤을 지키고 있다

저 불빛

사막을 지나
낮은 가고
밤은 요르단을 물결쳐
이스라엘을 파도쳐
사해(死海)를 건너네

저 불빛
지평선 너머
수평선 너머
저 불빛

북극으로 가자 아내여
남극으로 가자 벗이여
칠흑의 시간은 이스라엘을 물결쳐
요르단을 파도쳐
사해(死海)를 건너네

누룽지

어릴 때는 나더러 공부 잘하라며
할머니께서는 눌은밥은 먹지도 못하게 했다
솥바닥에 깔린 음식을 먹고 자라면 커서도
세상의 밑바닥에서 눌은밥처럼 살게 되는 거라며

나이가 들어 이젠 하늘의 소리도 들을 즈음
평생직업을 하나 새로 가졌는데
선배 한 분이 누룽지를 한 보따리 갖다 주신다
술 덜 깬 아침이나 바쁠 때 해장으로 끓여 먹어보니
괜찮다며

생각해보면 나는 그동안 하늘을 향해 오르는 일에만
골몰해왔는지도 모른다 세상의 밑바닥으로
스스로 걸어 들어가 사람들의 발밑에서 한 번쯤은
바닥을 치며 눌은밥처럼 인생은 살아도 봐야 하는 것

세월이 좀 더 가고 삶이 솥바닥에 깔리고 눌려서
눌은밥이 되어 구수한 향기와 고소한 맛을 내는
누룽지탕을 끓이며 나도 한 움큼씩
누룽지를 나누어 주는 선배가 되고 싶은지도 모른다

덕천서원(德川書院)

글로써 벗을 모으네

지극한 성(誠)은 쉬지를 않네

以文會友

至誠無息

남명선생이 돌아가시자 선비들은 더욱 구차해지고 풍속은 더욱 투박해졌으니 아는 사람들은 선생을 더욱 사모하게 되었다. 그래서 사람들은 이(利)를 천하게 여기고 의(義)를 귀하게 여겨 물러남을 가상히 여기고 탐욕을 부끄러이 여겼으니 이에는 선생의 공이 참으로 크다.

南冥先生旣沒 士益苟俗益偸 有識者思先生益甚 然人人尙知貴義賤利 恬退之可尙 貪冒之可羞 則先生之功實大矣

을해년(1576년)에 영남의 선비들 가운데서 최수우 하각재 하영무성 손무송 류조계 진주목사 구변 감사 윤근수가 산천재 서쪽 3리 덕천강 안에 서원을 건립하기로 의결하였다. 앞서 영무성은 덕천강 안의 모옥에서 선생을 모시고 함께했는데, 그 자리를 헐어 서원 자리로 내놓았다.

乙亥冬 崔守愚 河覺齋 河寧無成 孫撫松 柳潮溪 州牧具忭 監司尹根壽 與嶺中士林 就山天齋西三里許德川上 營建書院 決議焉 先是 寧無成 結數間 矛屋於德川上 每陪先生杖屨徜徉 至是 撤基屋 而獻其址于院中焉

안으로 밝은 것은 경(敬)이요

밖으로 끊어진 것은 의(義)다

內明者敬

外斷者義

지극한 성(誠)은 쉬지를 않나니

벗으로서 어짊을 덧대는 것이니라

至誠不息

以友輔仁

3부

덕천강(德川江)

덕천강 · 12

앞앞이 말 못 하고 말 못하는 사연들을 주먹으로 가슴을 치며
강가로 나와 한참을 소리 죽여 울기도 했다
더럽고 치사하고 아니꼽고 매스꺼운 일들 땜에
콱 죽고 싶을 때도 더러 있었다 차라리 푸른 강물에다
정말 몸을 던져야 하나 하고 심각하게 생각을 한 때도
솔직히 한두 번은 있었던 것 같다 내가 뭘 잘못했기에
내가 전생에 무슨 잘못이 있었기에 어쩌다가 내가
무슨 실수로 몹쓸 인연의 거미줄에 걸려들어
뜻대로 풀리는 일 없고 이다지도 세상일은 되는 일 없어
가는 곳마다 산이 가로막고 가는 길마다 가시덤불이 우거져 있고
그때마다 나는 이 강가로 와 눈물을 삼키며 소태를 씹으며
흐르는 강물을 밤늦게까지 바라보아야 했던 것이다

때론 이마에 흰 광목 끈을 질끈 동여매고 손에는 관솔불을 밝혀든 채

'이 걸이 저 걸이 갓걸이'를 외치며 이 강물을 따라 오르내리던

백여 년 전의 초군들을 턱없이 미루어 짐작해 보기도 했던 것이다

세심정(洗心亭)

사람의 마음자리
본래 어디에도 없었던 것을

양단수(兩端水) 합수머리
오장(五臟)에 있다면 티끌까지 씻어내는 푸른 하늘

쏜살같이 내달리는 덕천강
천왕봉이 굽어보네

점(點) 하나
획(劃) 하나가 꿈틀댄다

소문 난 돼지국밥 먹으러 완사 장에 간다

그만 와도 될 봄비가 사흘째 내리는 날
이런 일 저런 일로 마음이 쉬 가라앉지 않을 때
소문 난 돼지국밥 먹으러 완사 장에 간다

자실(栢谷) 지나 진주농민혁명 기념탑이 세워진
창촌 삼거리에서 딸기 하우스가 늘어선
원외마을 들판을 가로질러 짓궂은 봄비는
차창에 빗금을 치며 내리고 막 어두워지는 농로(農路)를
밝히며 들어서는 가로등처럼
역사에 이름을 새기는 길가의 비석(碑石)들

생각해보면 오늘 하루도 힘든 하루였다
65세 이상의 노인들을 우산을 받쳐 든 채 모시고
엑스포 주제관과 한의학 박물관을 오르내리며
세 개의 기바위를 찾아 문화관광해설을 하기에는
아직은 내가 젊거나 관람객들이 너무 연로(年老)해서

주어진 시간을 다 채우기에는 서로가 버거웠다

이런 일 저런 일로 마음이 쉬 가라앉지 않을 때
그만 와도 될 봄비가 추적추적 적시는 세상을 가로질러
소문난 돼지국밥 먹으러 나는 완사 장으로 간다

백두산 천지

푸른빛이 하늘에 닿는다
물은 천년을 흘러도 여전히 물소리로 흐르고
산은 천년을 넘게 길가에 버티고 서 있어도
아직 산 밖을 벗어나지는 못한다
살펴보면 하루 동안 사람들은 저마다의 걸음걸이로
꿈이나 좌절. 사랑이나 절망, 희망이나 아픔, 소원이든
염원이든
한 배낭씩 꾸려서 등에 짊어지고 정상까지 올라와
훔치는 땀방울로 부려놓은 백두산 천지
서파의 하늘에는 구름 몇 점 떠 있어도
용케 비는 오지 않는 여름날의 정오
오르는 길 모두가 야생화 꽃밭이 되고 호수 물빛이 되고
눈 열어 백두산 천지를 보면
물가로 내려 선 마음이 저 먼저 하늘에 닿는다
물빛은 이내 산빛이 되고 산빛은 이내 물빛이 되어
뒤를 따르는 사람들도 하나씩 둘씩
기념사진을 박으며 비로소 하늘에 닿아보는 것이다

동의보감촌 가는 길

산청읍에서 금서면 화계로 이어지는
동의보감촌 가는 길
가을비 오네 가을비 오는 길가
코스모스 꽃 피었네 그 옆에 구절초도 꽃 피었네
코스모스꽃 구절초꽃이 가을비에 젖고 있네
가을비에 젖으며 흔들리는
코스모스꽃 구절초꽃 사이로 찻길이 나 있어
동의보감촌으로 가는 길이 새로 나 있어
그 길 따라 줄 지어 오고가는 사람들
오늘은 모두 다 차를 타고 지나가네
차를 탄 채 지나가면서
창문을 닫고 코스모스꽃 구절초꽃
흔들리며 빗물에 젖는 모습 하염없이 쳐다보네
예쁘다예쁘다 속으로만 생각하며 코스모스꽃
구절초꽃 한없이 바라보네

봄날에, 2019년

화창한 봄날 오전
묵은 겨울 빨래를 햇볕에 널어놓고
잠시 낮잠에 든다

산천은 아직도 한겨울
함박 눈발이 하늘 가득 퍼붓고
눈발 속으로 푹푹 무릎이
잠기는 세월

산 끝까지 오고 가는 이 없다
고요와 적막 사이
나그네도 주인도 없는
온통 하얀 산마을에

눈발만
싸그락 싸그락

내려 쌓일 뿐

만화방창 봄날
겨울 옷가지들을 빨랫줄에 널어놓고
낮잠에 든다

불꽃이 흐르는 강

진주 남강에
10월이 오면
꽃으로 피어나는 불빛들이 한창이다
진주대첩 이후다
푸른 물결 위에 붉은 불꽃들이 피어
세상의 어두움을 밝히려 한다
임진·계사년의 민관군들이
일제히 깨어나
진주 남강 물길을 바로 잡으려 한다
10월이 되면
진주 남강은
꽃으로 피어나는 불빛들로 한창이다

수국(水菊)

불두화(佛頭花)라 했던가 구례 화엄사 각황전 앞뜰 한 귀퉁이 사자석등 옆에 무참하게 지고 있는 수국을 삼십여 년 전 이맘때 한 번 본적이 있다 그때는 한두 송이 남은 저 꽃을 꺾어들고 부처님 앞으로 가 삼천 배라도 올리며 밤을 지새우면 내가 짊어지고 있는 고통스런 이 배낭 짐의 무게가 조금은 가벼워질 수도 있을까 하는 생각을 잠시 했었다.

그런 이후 나는 산과 바다, 들과 저자거리를 먹이를 찾는 맹수(猛獸)가 되어 바람처럼 파도처럼 아니면 빗발처럼 휘몰아쳐 다니다가 오늘 곤양 다솔사 앞마당에까지 흘러와 피어 있는 수국의 모습을 우연히 보다가 삼십여 년 전의 이 기억이 새삼 떠올라 꽃 한 송이 꺾어들고 부처님 진신 사리탑 앞으로 걸어가 부처님 부처님 소리쳐 부르며 한없이 울고 싶어진다.

이(齒)

태어나면서 하늘처럼 저절로 생겨나는 이였기에
별 생각 없이 그런대로 그렇거니 하며 살았다
본 대로 배운 대로 아는 대로 느끼는 대로
갈기도 하고 닦기도 하면서
먹으며 물어뜯으며, 솔직히 말하자면
달면 삼키고 쓰면 뱉기도 했다
어느 술자리 모임에서 한 순배 술잔이 돌듯이
세상에 처음 태어난 기해년(己亥年)이 한 바퀴 돌아왔을 때
어느새 내 이는 이빨로 변해 있었다
이미 이의 기능을 잃어버린 이빨들을 모조리 뽑아내고
사람이 만들어낸 맞춤형 이로 갈아 끼워야 했다
한 평생 무심했던 이들을 모두 이빨로 뽑아버리고
사람들의 이로 새로운 육십갑자의 새 출발을 하는 것이다

아내의 손

문득 아내의 손을 잡았다

악산(惡山) 더덕 같다

예순 다섯에 삶을 놓으신 어머니 손이 이랬다

입고 먹고 잠자는 내 삶의 모두가 여기서 나온다

모티 카페

산청읍 시장 서쪽 들머리 모퉁이에 날아가는 새의 집처럼 붙어 있는 모티 카페, 테이블이 서너 개뿐이라 좁다면 좁고 알맞다면 딱 알맞은 공간, 여기에 드나드는 사람들 거개가 다 바쁘고 바쁜 사람들, 바쁘고 바쁜 가운데 어쩌다가 무슨 볼 일 땜에 잠시 들러 차를 마시며 담소를 나누고 사랑을 속삭이고 언제 우리 다시 만날 날 기약을 하게 되는 찻집, 모티 카페

*모티: 모퉁이의 경남 산청지역 토박이 말

윤삼월(閏三月)

벚꽃

어쩌자고 어쩌라고

소낙비로 지고

와 와

차(茶)밭

파아랗게 일어선다

*2012년 윤삼월 26일(양력 5월 16일) 건우와 서진이가 태어났다.

덕천강 · 13

–방생(放生)

입춘대길(立春大吉) 건양다경(建陽多慶)
오늘은 덕천강 강물에다 방생(放生)을 하네
새벽같이 관광버스를 타고 온 할머니
어머니들이 합장 기도를 하며
경전을 우물우물 외우며 검은색 흰색 비닐봉지에 담아온
물고기 한 마리씩을 강물에 풀어 놓네
전주에서 광주에서 경주에서 부산에서
사찰 순례를 하듯 먼 길을 달려온
얼굴이 쭈그러지고 허리가 접혀진 할머니 어머니들이
당신들의 목숨을 세상에 내어놓듯 방생을 하네
자식들을 위해 한 평생을 내어놓았듯
어항에 갇혀 있던 물고기들을
얼마 남지 않은 이승의 삶에 인생을 모두 내어놓듯
덕천강 강물에다 물고기들을 풀어 놓네
입춘대길(立春大吉) 건양다경(建陽多慶)
새벽같이 먼 길을 달려 온 보살들이

세상 천지에 봄날을 풀어놓듯

덕천강 강물에다 방생(放生)을 하네

광장(廣場)에서

눈이 오는데
들에 산에 어둠과 함께
올 해 들어 첫눈이 오고 있는데
광장에 사람들 모여
촛불을 밝히네
언덕 위에 아파트 위에
낙엽 위에도 흰 눈은 오는데
박근혜 탄핵
물러나라 하야하라
사람들 모여 광장에 촛불을 밝히네
긴장감도 없이 심각함도 없이
첫눈은 진눈깨비로 내리고
거리에 골목에
사람들 목소리 높여
박근혜 탄핵
물러나라 하야하라
광장에 촛불을 밝히네

절정(絶頂)

최후 진술처럼
유언(遺言)처럼

세상의 끝에서
생각의 끝에서

분수처럼 차올라 폭포처럼
쏟아지는 천길 깜깜한 기억 속

추억 속을
죽음 속을

꽃이 핀다
꽃이 진다

익혀서 살만 바른 밤(栗)

바야흐로 결실의 계절이 와
산밭의 밤 몇 톨을 주워
맛이나 한번 보라며
그녀에게 주었다

다음 날은 하루 종일 비가 와서
공치는 날
더 이상 밤을 줍지도 못하고
그녀를 만날 수도 없었다

비가 오는 내내 즐기는 술도
안 마시고 마을 회관에 모여
아무래도 늦어질 것만 같은
가을 추수 걱정으로 하루를 보냈다

이윽고 가을 하늘이 파랗게 개인 아침

일찍이 전화가 와 그녀를 만났더니
맛이나 보라며 준 그 밤을 그새 삶아서
먹기 좋게 일일이 살만 발라서 나에게 건네준다

겨울 동의보감촌

구절초 꽃대 주위에서 인부들이
낫질을 하고 있다

잎도 꽃도 진
겨울 동의보감촌

류의태와 허준은 해부동굴 근처에서
아직도 땀을 흘리고 있다

푸르디 푸른 겨울 하늘
맑고 차고 고운 바람결에

꽃밭을 다듬는 인부들
머잖아 봄날은 또 오리라

4부

고백(告白)

고백(告白)

천년이 넘게 지나도록
하고자 했던 말들은
해마다 은행나무 잎으로 허공을 날아다니고

은행나무 속이 까맣게 타도록
영국사(寧國寺) 대웅전 단청 색이 바래지도록
그리움은 바람 일듯 새로워지느니

어느 날 천태산(天台山) 돌산이
뚜벅뚜벅 사바세계로 걸어 내려와
부도(浮屠)로도 돌탑으로도 자리하게 되느니

감기(感氣)

신(神)이 짚인 듯 겨울에는 자주 아팠다 팔다리가 쑤시고 머리에 열이 나고 목이 간질거리다가 기침이 났다. 생일이 다가오면 더 심했고 가만히 있다가도 생일 때가 되면 도지는 시병(時病) 같았다 한 십 년, 겨울이 와도 기름을 사댈 만한 돈벌이가 없어 보일러를 돌리지 못하는 냉방에서 살아야 했던 시절이 있다 눈이라도 오는 날에는 아침부터 하루 종일 냉방에서 뒹굴어야 했다. 눈이 녹을 때까지 두문불출 하며 긴긴 겨울, 신(神)을 섬기듯 하루하루 해를 보냈다. 허리가 결리도록 기침을 해대며 온몸에 땀이 솟을 때까지 저녁에서 아침이 오도록 아침에서 저녁이 오도록 무국을 끓이기도 했다. 꽃 피는 봄날이 어서 오기를 기다리며 한 세상 감기를 깊이 앓은 시절이 있다.

그대와 나의 사랑법

그대는 때만 되면 아프고 나는 때만 되면 그대가 그립다

밤새 겨울 찬비가 내리고 날씨는 더 추워질 거라 한다
풀과 꽃이 만발했던 대지의 봄날도 땀 삐질삐질 솟아나는
몸을 식히며 바람 불어대던 광란의 여름날도 이젠 아득한
기억 속으로 추억 속으로 사라지고 귤 몇 알 사과 몇 알
곶감 몇 알 군고구마 몇 알로 만져지는 그대와 나의 마음
나와 그대의 육체 그대와 나의 맑고 서늘한 하늘 사랑

나는 날마다 그대가 그립고 그대는 날마다 내가 아프다

들개론

이른바 보수주의가 나라와 정권을 농단하던 시절 공중파 텔레비전 주말뉴스 앵커를 하던 아무개 아나운서가 서울 송파 을 당협위원장이 되던 날, 며칠 전 입당한 소속 정당의 중진회의에 참석한 당의 원내대표가 하는 말, 자기는 들개조련사여서 아무개 아나운서를 잘 조련해서 국회의원으로 꼭 당선시키겠다고 하는데, 그녀가 들개라는 것인지 아니면 자기가 들개여서 그녀를 들개로 조련시키겠다는 것인지? 그 여자 아나운서는 정치에 입문을 하자마자 정당에 입당을 하자마자 졸지에 들개가 되면서 얼마나 황당해 했던지!

사랑의 자리

-YOGER PRESSO 원지점

여기 머물다 가는 사람은 모두가 다 사랑이다
시시때때로 변하는 산빛을
깨치고 떠났든 산빛을 가슴에 보듬고 떠났든
여기 이 자리 잠시라도 머물렀던 사람 있었다면
그 또한 사랑이다 더 오래 전 이 길은 고을의 원으로
가는 길을 가리키는 곳이라 이름하여 원지라 부르는데
어느 날 새로운 길이 나고 그 새로운 길을 따라
새로운 집들이 들어서고 마을이 들어서고
길모퉁이 한 켠에 커피집이 들어섰느니 사람들은
길을 가다가 문득 아니면 식사 후에 한가하게 들러
하늘을 보기도 하고 땅을 보기도 하고 어느 뉘는
물끄러미 어두워지는 창밖을 보다가 불빛 스치는
차량들을 보다가 메모하듯 시를 적기도 하고
아! 여기에 와서는 사람들이 모두다
가슴에 사랑을 품게 된다
따듯한 차 한 잔으로 나는 너에게
너는 나에게 영원히 잊히지 않는 사랑이 되고 있다

이중섭(李仲燮)의 소(牛)

그리움을 읽는다

남쪽 바다 바라보며
게를 잡고
아내와 아들 둘

피난살이 단칸방에서
화폭에 세상 모든 색채를 담아
고구려 소 한 마리를

하얀 목련꽃이 이우는 환한 봄밤
막다른 골목길 끝에서

어느 봄날

춘래불사춘(春來不似春) 도다리쑥국 먹으러 바닷가, 횟집에 광어 도다리 바닷장어 감성돔 다금바리 볼락 살을 저미는 칼질소리, 기억 속 아득히 세찬 바닷바람 비린내 세월호 세월호 뚝배기에서 도다리쑥국이 펄펄 끓을 때까지 밥상 가득 채우는 성찬의 언어들, 바닷가 풍경 속을 헤엄치네 백사장을 한 번 걸어보네 도처에 꽃 피어나는 소리 새싹 돋아나는 소리 울음소리 파도소리 아우성 소리 안개 자욱한데 미역을 딸까 해삼을 멍게를 낙지가 입안까지 기어 들어와 입천장에 쩍쩍 빨판을, 재갈을 물리네 살고 싶어 어서 빨리 말씀의 유희를 접고 한 편의 시를 쓰고 싶어 도다리쑥국 정신이 환하게 의식에 불을 밝히는 도다리쑥국 내가 여기까지 무슨 힘으로 어떻게 왔을까 무슨 생각 무슨 까닭으로, 어느 봄날

유등(流燈)을 보며

세월 따라 흐르다가
잠시 머무는 이 세상
살아 숨 쉬는 목숨들은
한 번쯤은 유등이 되리

저마다의 불꽃을
머리에다 이고
밤마다 가슴에다 품고

저 홀로 반짝이며
저 홀로 애태우며
다함께 밝히며 다함께 비추며

때가 되면 한 번쯤은 유등이 되리
시간 따라 흐르다가
이 세상에 잠시 머물다 가는
살아 숨 쉬는 목숨들은

살다가 보면

때로는 어느 점심때
추억 속의 길을 걷다가
문득 아직도 성업 중인 중국 음식집에 들러
구석진 자리를 골라 검은 짜장면을
혼자서 먹어야 하듯
산다는 것은 그렇게 외롭고도 서글픈 것
검은 짜장면을 혼자서 하염없이 먹다가
한 병의 소주를 불러
물컵에 부어 마시듯
산다는 것은 또 그렇게 턱없이
외롭고도 쓸쓸한 것
쏴아하게 달아오르는 가슴으로
길을 나서면 바람은
어느새 차갑게 사방팔방으로 불어대고
갑자기 낯이 설어진 거리의 사람들
제 갈 길 제대로 다 가고 있는데

나 혼자만 외롭고
나 혼자만 바람에 옷자락 나부끼고
애써 서두르는 내 발걸음

싸락눈

싸락싸락 싸락눈
배추밭에 내린다

인건비도 못 건지겠다며
김장철 다 지나도록 내버려진
푸른 배추포기들 머리 위에

싸락싸락 싸락눈
배추밭에 내린다

사천시 향촌동 매향암각 또는 홍사리 매향비

죽으면 글 몇 자 암벽에 새겨줄까
죽은 자리에 모인 사람들
낱낱이 헤아려

몇 날 며칠 누구와 누구가 모여서는
묻어놓고는, 묻힌 자리
내력 몇 자 돌덩이에 적어서 남겨줄까

글 새겨진 자리에 어느 날
미륵불이 나타나 용화 세상을 꿈꾸며
남겨진 글자들 짚어가며 읽어줄 수 있을까

56억 7천만 년이 지난 후
향으로 이 세상에 살아나
소신공양을 올리는 불쏘시개로나 피어날 수가 있을까

몸 생각

할머니는 여든이 넘자
아침이면
아침마다 운동 삼아 마당을 쓸었다

개똥이고
석류나무 이파리고
닭 새끼들이 바자울을 넘나들었다

타관객지로 떠돌던
자식들이
슬하(膝下)를 찾아드는 명절 저녁

마당 환하게 할머니는
등불을 밝혔다
대청마루 안 북쪽으로는 촛불을 밝혔다

내 사랑은

세상에
꽃 한 송이 피었다가
지는 순간부터
내 사랑은 시작된다

바다 끝에서부터 바람이 불어오고
나뭇잎은 모두 새잎인 양
어두워지는 가지 끝에서 흔들리기 시작하고
내내 거리를 방황하며 외롭기만 하던 길은
밤하늘로 올라가 별인 듯 처음인 듯
밝아오는 아침을 새롭게 준비한다

꽃이 피어 있는 동안 벌들이 앵앵거리는
꽃소식이 가슴에 너무도 벅차
못내 안부가 그리웠던 사람들은
비로소 별빛으로 나에게 다가와

마음에 이름으로 새겨지기도 하고
하나의 믿음이 되기도 하고

세상에
피어 있던 꽃 한 송이가
지는 저녁부터
내 사랑은 열매 맺기 시작한다

종합병원 근처

날이 저물고 있다 붕어빵 포장마차는 문을 닫고
골목길에 늘어선 식당이나 술집들은 이제 막 불을 밝히고
구급차는 삐용삐용 외치며 병원 정문을 들어서고 있다
사람들의 발걸음 한결 더 서두는 듯 저무는 저녁
강은 조금씩 어두워지고 있다

고개를 좌우로 가로저으며 아버지는 이맘때쯤 운명하셨다, 이 세상을
더 살아야 하는 사람들과 이제는 더 이상 살아갈 수가 없는 세상을
병상을 사이에 두고 우리는 이별을 해야 했다, 그해 초여름
무덥기도 했지만 마냥 슬프기도 했다, 깜깜한 낭떠러지 같은
밤을 맞아야 했고 낮에는 문상객들을 맞이했다, 다시 저녁이

오고 가족들은 이별의 의식을 장엄한 노을처럼 바라보며
저무는 강이 보이는 창가에 서서 오랫동안 울음 울어야 했다

오늘처럼 구급차가 어딘가로부터 삐용삐용 달려들어 오고
종합병원 근처의 사람들은 또 바쁘게 발걸음들을 서두르고
식당과 술집들이 늘어선 골목길에서는 이제 막 밝혀진
불빛만큼이나 날은 저물어가고 문을 닫은 붕어빵 포장마차
앞길이 어두워져가듯 강도 조금씩 어두워지고 있다

까치밥

마을 들어서면 빈집 감나무 우듬지에
까치밥 몇 개가 달려 마을 안부를 묻고 있다
그새 이 동네에 누가 다녀갔는가?
고향 떠난 지 오래인 감나무 집 주인은
아직도 마산 어시장 근처에 살고 있다던가?
철 이른 진눈깨비가 질척이는 황톳길
오가는 사람들 통 보이질 않고
'산불조심' 깃발 단 빈 트럭 이따금씩
지나다니는 길에 날아가는 까치가 먹으라며
남겨둔 까치밥, 정작 까치는 소식이 없다

손톱 깎기

늙은 아내가 늙은 남편의 손톱·발톱을 깎아준다
젊은 한때는 누구보다도 튼튼하고 힘찼던 남편의 손과 발
산등성이를 오르내리며 등짐을 져 나르기도 하고
낫과 톱으로 산판을 벗겨 삽과 괭이로 산밭을
일구어 밤숲을 만들어 내기도 했던 세월
남편은 산짐승처럼 세상에서 먹이를 구해오고
아내는 집안에서 제비새끼 같은 아이들의 입을 먹이고
쩡쩡 갈라지는 얼음물에 빨래를 하고
밥을 해 나르고 아이들을 학교에 보내고
틈틈이 간식을 해 나르기도 했다
점점 아이들은 자라 시집 장가를 들어 모두 분가해 나가고
이제는 낮일을 못나가는 늙은 남편이 자리보전으로
하루해를 보내는 동안 여전히 삼시 세끼 밥을 하고
마당을 쓸고 옷가지를 햇볕에 널어 말리는 늙은 아내는
햇살 좋은 아침나절 한때를 골라 한껏 야위어진
남편의 머리를 무릎에다 뉘어놓고 손톱·발톱을 깎아준다

어머니가 갓난아기의 손톱을 물어뜯어주던 그때처럼
들창 가에 쏟아지는 겨울햇살이 좋은 아침나절 한때를 골라
아내가 남편의 손톱·발톱을 정성들여 깎아준다

이제는 돌아가자, 집으로

이제는 돌아가자, 집으로
그대와 나의 그동안의 정처 없음을
어떤 이는 잃어버린 십 년이라 말한다지만
나는 잊지 못한 젊은 날의 삼십년이라 말하겠다
풍찬노숙의 방황 길에서
더러는 골목에서 직장에서 광장에서
말과 말, 돌멩이와 꽃병, 살수와 최루가스가
하늘을 날아다니던 매콤한
그대도 나도 마찬가지인 맹랑한 세월
촛불을 밝혀들었으니 더 늦기 전에
집으로 돌아가자, 이제는
밤새 배회하는 사람들을 더 이상 들개처럼
들고양이들처럼 내버려두지 않게 더 이상
도둑들이 문자를 들고 찾아와 대문 앞에서
농성을 하지 않게 집으로
돌아가야 할 때가 더 늦기 전에

돌아가자, 집으로 돌아가 우리 모두
꿈에도 그리던 따뜻한 가족으로 가정을 이루자
해질녘 산속으로 걸어 들어가는 가로수들처럼
끝내는 우리 모두 하나의 숲을 이루어보자

해설

덕천강 청정한 물소리

조구호(문학평론가)

1.

'글과 사람이 같아야 한다'는 것이 옛 선현들의 말씀이었다. 이것은 글의 중요성을 강조한 것이기도 하지만, 삶의 자세에 대한 것이기도 하다. 글은 그럴듯하게 쓰면서 삶의 모습은 고개를 돌리게 하는 경우가 많기 때문이다. 양곡 시인의 네 번째 시집 『덕천강』을 읽으면서도 이 말이 떠올랐다. 어느 자리에서나 시를 거론하고, 또 읊조리기를 좋아하는 양곡은 어떤 모습일까 궁금했다. 이미 출간한 『어떤 인연』(2006년), 『길을 가다가 휴대전화를 받다』(2009년), 『혁명은 오지 않는다』(2015년) 등의 시집에서 양곡의 삶과 시과 다르지 않다는 것을 익히 보았지만 육십이 넘어 출간하는 작품집에서는 어떻게 다른지 궁금하기도 하고 기대도 되었다.

이번 시집에서도 양곡의 시들은 그의 삶을 진솔하게

담고 있었다. 『덕천강』이라는 이름으로 묶어진 시집에 다양한 모습으로 형상화된 그의 시들은 덕천강의 물소리처럼, 덕천강변의 나무들처럼 곧고 청정했다. 가볍지 않은 세파와 번다한 인연들로 생활 추스르기조차 녹록치 않은 세월을 담담하게 견디며 다듬고 빚은 작품들이라 그 폭과 깊이도 넓고 깊어졌다.

시집 『덕천강』은 4부로 되어 있다. 제1부 〈후원(後苑)에서〉, 제2부 〈밤꽃〉, 제3부 〈덕천강〉, 제4부 〈고백〉으로 짜여 있다. 그것을 내용으로 정리해 보면 '역사와 민중에 대한 애정과 바람', '사물들에 대한 새로운 인식', '개인적 소회와 다짐' 등으로 묶을 수 있을 것 같다.

겨레의 역사와 그 역사의 주체인 민중에 대해 남달리 관심과 애정이 많았던 시인은 젊은 시절의 대부분을 민중이 역사의 주체가 되는 세상을 위해 투쟁하고 고민하며 살았다. 투쟁의 이력은 밥과 생활이 보장되는 번듯한 직장과는 상극이 되어 전국의 공장과 공사장을 떠돌게 했지만, 고민의 시간들은 시로 승화되어 답답하고 울적한 마음을 달래주기도 했고 고단한 삶의 궤적을 증언하는 기록이 되기도 했다. 『덕천강』에서도 시인은 역사의 부침과 민중들의 애환을 엿볼 수 있는 현장을 다니면서 아픈 상처가 되풀이 되지 않고, 민중이 주인인 참된 세상을 바라고 있다.

…… 수령이 100년 이상 되는
나무들도 한 해의 겨울을 견디기에는 이제 점점 버거워진다
인공적인 관상수를 심은 것은 아니고 따로
꽃밭을 만들지도 않았다 후원에 남아서 지금까지
후원을 지키고 있는 모두는 겨울을 견디기 위해
한 해의 겨울을 나기 위해 사연도 많고 아픔도
많았던 조선왕조의 슬픈 역사를 겨울 동안 지켜내기 위해
안간힘을 쓰며 버티어 내고 있는 것이다

-「후원(後苑)에서」 부분

비밀스러운 정원이라는 뜻의 비원으로 더 잘 알려져 있는 창덕궁 후원에서 시인은 사연도 많고 아픔도 많았던 조선왕조의 슬픈 역사를 굽어보고 있다. 잘 알려진 바와 같이 창덕궁은 왕자의 난에서 승리하여 권력을 잡은 태종이 지은 궁궐로 조선 왕실의 굴곡 많은 역사를 잘 보여주는 곳이다. 이곳에서 시인은 500년 동안 권력을 잡기 위해 숱하게 반복된 골육간의 싸움으로 평온한 날이 많지 않았던 조선 왕실의 흥망과 영욕, 그리고 그들로 인해 궁핍한 삶을 감내해야 했던 백성들의 고난을 되새기며 새로운 역사를 생각해 보는 것이다. 시인이 생각하는 새로운 역사는 민중이 주인인 세상이다. 권력과 재산, 학식과 직

업, 성별이나 신체적 조건에 의해 차별받지 않고 누구나 똑같은 인격체로 존중받고, 권리와 의무를 공정하고 공평하게 누리고 분담하는 세상이다. 시인은 그런 세상을 위해 여러 단체의 일원으로 활동하며 젊은 시절의 대부분을 보냈다. 시인의 바람과 같이 민중이 주인이고 모두가 평등하다는 것은 헌법과 제도로 규정하고 있지만, 민중들은 주인으로 당당하게 행동하지 못한다. 그런 민중들을 보며 시인은 역사의 상처를 되새기며 안타까워한다.

단기 4349년 3월 25일 단성장날
양복을 다려 입은 면장과 군의원이
점심 식사를 하러 지나는 길목에
너도나도 반갑다며 악수를 건네는 장꾼들
대한민국은 민주공화국이다
대한민국의 주권은 국민으로부터 나온다

-「단성(丹城)장날」 일부

시인은 단성장날 나라의 주인인 민중들이 자신들의 대리인이자 공복(公僕)인 면장과 군의원에게 앞다투어 인사를 건네는 광경을 보며, 1919년 3월 22일 단성장날 빼앗긴 주권을 되찾기 위해 떨치고 일어났던 8백여 명의 민중들의 의기를 떠올리며 안타까워하고 있다. 민중들이 소수의 집권자들에 의해 짓눌려 살아야 했던 시대의 유산과 역사의 뼈아픈 상처들이 곳곳에 남아 있는데, 민중들은 스스로 주인으로 행동하지 못하는 것이다. 그래서 시인은 '혁명은 쉽게 오지 않는다'[1]고 목소리를 높이기도 했었다. 역사와 민중들에 대한 애정과 안타까움은 「마곡사(麻谷寺)에 찾아갔다」·「제주의 눈물, 설움, 한(恨)」 등에서도 잘 드러나고, 시인의 생활 근거지와 가까운 역사의 유적인 '산천재', '덕천서원', '율곡사', '다솔사', '사천 매향비', '세심정(洗心亭)', '탁영대(濯纓臺)' 등에 대해서도 관심과 애정을 갖고 시로 형상화하기도 했다.

2.

시집 『덕천강』에서 눈에 띄는 것 중의 하나가 사물을 대하는 시인의 태도가 넉넉해지고 따뜻해졌다는 것이다. 시인은 물을 끓이는 '커피포트', '더위', '누룽지', '김치국밥', '동지 팥죽', '동의보감촌 가는 길', 절의 정원에 핀 '수국(水菊)', 시인이 자주 들리는 작은 '모퉁이 카페' 등등 생활 주변에서 접하는 소소한 사물들을 넉넉하고 따뜻한 시선으로 바라본다. 귀가 순해진다는 나이를 지나니 매일

1) '혁명은 오지 않는다'는 2015년 출간된 양곡 시인의 세 번째 시집의 제목이자, 혁명이 쉽게 오지 않는다는 것을 형상화한 시의 제목이다.

같이 대하는 소소한 사물들이 정답고 친밀하게 느껴지고 다가오는 것이다.

정월 대보름날 신새벽
아이들의 입에서 사가라고 외쳐지던
더위가

오늘 점심때는
하늘 가운데 붉게 이글대는 햇덩이로 떠 있더니

퇴근길에는
경호강 강가에서 쏘가리·은어를 낚는
낚시꾼들의 챙 넓은 모자 위에
노을로 앉아 있더니

지금은 방안에서는 에어컨에 쫓겨나와
우렁찬 밤꽃 향을 맡으며 마당가
한 평 남짓한 평상에 걸터앉아
선풍기에 부채에 시달리며 모깃불과
함께 소담한 여름밤을 지키고 있다

-「더위」 전문-

마당가 한 평 남짓한 평상에 걸터앉은 사람들이 더위를 식히는 여름밤 풍경을 재미있게 잘 그려놓았다. 더위에 대한 인식의 전환 없이는 묘사하기 어려운 정경이다.

온몸에 땀이 배이게 하는 더위를 짜증스럽고 불편한 것으로만 인식했다면 '에어컨 때문에 방안에서 쫓겨났다'나 '선풍기나 부채에 시달리며 모깃불과 함께 여름밤을 지킨다'고 표현할 수 없을 것이다. 이런 표현은 더위의 입장이 되어 더위가 처한 상황을 이해해야 가능한 것으로 사물에 대한 인식의 전환에서 온 것이다. 사물은 새롭게 보는 눈에 의해 새로운 의미가 발견된다. 사물을 새롭게 보는 눈은 자기만의 세계가 있어야 한다. 남들과 다른 자기의 생각과 신념이 있어야 자기만의 세계를 구축할 수 있는 것이다. 자기만의 세계는 특출한 천재적인 능력을 지닌 경우가 아니면 대부분 삶에 대한 이해의 깊이와 넓이에서 이루어진다.

시집 『덕천강』에서 사물을 보는 시인의 눈은 삶의 깊이에서 새로워진 것 같다. 시인이 더 나은 세상을 위해 곤궁한 생활을 감내하면서도 쏟은 시간만큼 사물과 세상을 보는 눈이 깊어진 것이다. 살아온 연륜으로 깊어진 호흡에서 젊은 시절에는 무심히 보고 지나친 것들이 친밀하게 느껴지고 새롭게 보이는 것이다. 도가 멀리 있지 않다고 강조했던 옛 선사들의 말씀처럼, 생활 주위의 소소한 사물들을 소중하게 여기고 새롭게 보게 되니 하찮게 여겼던 것들마저 새로운 의미로 다가오게 된다.

어릴 때는 나더러 공부 잘 하라며
할머니께서는 눌은밥은 먹지도 못하게 했다
솥바닥에 깔린 음식을 먹고 자라면 커서도
세상의 밑바닥에서 눌은밥처럼 살게 되는 거라며

나이가 들어 이젠 하늘의 소리도 들을 즈음
평생직업을 하나 새로 가졌는데
선배 한 분이 누룽지를 한 보따리 갖다 주신다
술 덜 깬 아침이나 바쁠 때 해장으로 끓여 먹어보니 괜찮다며

생각해보면 나는 그동안 하늘을 향해 오르는 일에만
골몰해왔는지도 모른다 세상의 밑바닥으로
스스로 걸어 들어가 사람들의 발밑에서 한 번쯤은
바닥을 치며 눌은밥처럼 인생은 살아도 봐야 하는 것

세월이 좀 더 가고 삶이 솥바닥에 깔리고 눌려서
눌은밥이 되어 구수한 향기와 고소한 맛을 내는
누룽지탕을 끓이며 나도 한 움큼씩
누룽지를 나누어 주는 선배가 되고 싶은지도 모른다

-「누룽지」 전문-

60-70년대에 어린 시절을 보낸 사람이면 대부분 누룽지를 먹고 자랐다. 먹을 것이 넉넉하지 않던 시절이라 누룽지를 부족한 식사를 보충하기 숭늉으로 만들어 먹기도 하고, 간식으로 먹기도 했다. 그런 누룽지를 시인의 할머

니는 어린 시절 '솥바닥에 깔린 누룽지를 먹고 자라면 커서도 세상의 밑바닥에서 눌은밥처럼 살게 된다'며 먹지 못하게 하였다. 남보다 높은 자리에서 부족함 없이 살기를 바라는 부모들의 마음일 것이다. 하지만 시인은 어린 시절의 할머니와는 다른 눈으로 누룽지를 본다. 남보다 더 높은 자리를 차지하기 위해 발버둥치는 것보다'세상의 밑바닥으로 /스스로 걸어 들어가 사람들의 발밑에서 한 번쯤은/ 바닥을 치며 눌은밥처럼 인생은 살아도 봐야'한다고 생각한다. 삶의 가치가 남보다 더 높은 자릴 차지하거나 더 많은 재산을 모우는 것에 있지 않다는 것을 알았기 때문이다. 그래서'삶이 솥바닥에 깔리고 눌려서/ 눌은 밥이 되어 구수한 향기와 고소한 맛을 내는'선배가 되어 후배들에게 누룽지 한 보따리 나누어주고 싶은 것이다. 몸이 처한 상황은 솥바닥에 깔리고 눌린 누룽지처럼 가장 밑바닥에 있지만, 구수한 향기와 맛을 내는 삶을 살아야겠다는 시인의 마음이다. 생활 주변의 소소한 것들을 소중하게 여기고 새롭게 볼 수 있는 눈에서 삶의 새로운 의미를 발견하게 된 것이다.

연륜의 쌓인 무게만큼 사물들을 새롭게 보는 시인은 먼저 타계한 선배 시인이나 동지팥죽을 끓여 가져오던 종숙모들을 비롯한 친지들에 대한 시선도 정겹고 따뜻하다.

그것은 「고 박노정 시인(故 朴魯貞 詩人)」, 「벌써 십 년이 되어버린 고(故) 정규화 시인」, 「밤꽃」, 「동지팥죽」 등의 작품들에서 볼 수 있다.

3.

양곡 시인의 시에서 드러나는 특징 중의 하나로 개인적 이야기가 많다는 지적이 있다. 첫 번째 시집 『어떤 인연』(2006년)과 두 번째 시집 『길을 가다가 휴대전화를 받다』(2009년)에서 그런 점이 없었던 것은 아니다. 고달픈 생활과 변혁을 거부하는 세상에 대한 자탄과 울분이 포장되지 않고 표현되었기 때문이 아닌가 싶다. 그렇지만 시를 비롯한 문학작품, 더 나아가 모든 예술작품이 개인의 삶을 바탕으로 하지 않는 것이 없기 때문에 개인적 이야기가 많다는 것은 문제될 것이 없다. 개인적 이야기가 회한(悔恨)과 자책으로 흘러 시의 질서를 허물게 되면 독자들은 부담스러워하거나 불편해하기도 할 것이다. 『덕천강』에서도 개인적 이야기가 적지 않은데 부담스럽거나 불편한 내용들은 아니다. 담담하게 현재의 정서나 다짐을 드러내고 있다. 뿐만 아니라 잘 다듬어진 작품들도 적지 않다.

천년이 넘게 지나도록
하고자 했던 말들은

해마다 은행나무 잎으로 허공을 날아다니고

은행나무 속이 까맣게 타도록
영국사(寧國寺) 대웅전 단청 색이 바래지도록
그리움은 바람 일듯 새로워지느니

어느 날 천태산(天台山) 돌산이
뚜벅뚜벅 사바세계로 걸어 내려와
부도(浮屠)로도 돌탑으로도 자리하게 되느니

– 「고백(告白)」 전문

시인의 오랜 시업의 저력을 엿보게 하는 잘 다듬어진 작품이다. 그리워하는 이에 대한 지고지순한 마음을 잘 형상화하여 덧붙일 말이 없다. 그렇지만 아무 말도 하지 않을 수 없는 처지라 군더더기인 줄 알면서도 덧붙여 본다. 천년이 넘게 하고자 했던 말들이 은행나무 잎을 매개물로 상상력을 자극하고, 속이 검게 탄 은행나무나 영국사 대웅전의 색이 바랜 단청도 간절하게 그리워하는 마음과 잘 연결되어 있다. 엘리어트의 말을 빌리면 적절한 객관적 상관물이다. 천태산의 돌산, 부도, 돌탑 등도 간절한 마음을 잘 드러내는 매개물이자 상징이다. 천태산은 낱말 그대로의 의미로는 지상의 산이 아닌 천상의 산인데, 그 산의 돌들이 사바세계인 지상으로 내려와 부도나 돌탑이 된다. 간절함이 천상의 돌들을 지상으로 내려오게

한 것이다. 부도는 지상의 삶을 갈무리해 놓은 표석이고, 돌탑은 기원의 상징물이다. 어느 것 하나 간절하게 그리워하는 마음을 드러내는 매개물로 부족함이 없고, 그것을 잘 다듬어 놓은 솜씨도 흠결이 없다. 부룩스가 말한 '잘 빚어진 항아리'에 결코 뒤지지 않는다.

이런 작품이 나오기까지는 적지 않은 세월이 흘렀을 것이다. 그 세월에는 탄식과 회한, 울분과 격정, 저주와 살의 등등의 숱한 감정과 사연들이 뒤엉키고 응축되어 시심을 달구기도 하고, 또 시심과 멀어지기도 했을 것이다. 그런 고난과 번민의 시간을 엿보게 하는 것 중의 하나가 다음과 같은 작품이 아닌가 싶다.

> 앓앓이 말 못 하고 말 못하는 사연들을 주먹으로 가슴을 치며
> 강가로 나와 한참을 소리 죽여 울기도 했다
> 더럽고 치사하고 아니꼽고 매스꺼운 일들 땜에
> 콱 죽고 싶을 때도 더러 있었다 차라리 푸른 강물에다
> 정말 몸을 던져야 하나 하고 심각하게 생각을 한 때도
> 솔직히 한 두 번은 있었던 것 같다
>
> -「덕천강 · 12」 일부

'덕천강 푸른 물에 몸을 던지고 싶은 때가 한두 번이 아니었다'는 언술에서 시인이 겪은 고통과 삭혀야 했던 울분이 적지 않았음을 알 수 있다. 시인은 그런 세월을

"이마에 흰 광목 끈을 질끈 동여매고 손에는 관솔불을 밝혀든 채 /'이 걸이 저 걸이 갓걸이'를 외치며 이 강물을 따라 오르내리던 /백여 년 전의 초군들을"(「덕천강 · 12」 중에서) 떠올리기도 하며 견디었다. 시인이 묵묵히 견디어낸 세월이 쌓이고 쌓여'산이 되고 하늘이 되고' (「쌓인다」 중에서), 또 시가 되었다고 하겠다. 그러니 양곡 시인의 시 중에는 개인적 이야기를 담은 것들이 많은 것이다. 『덕천강』에서도 개인적 이야기를 담은 시들이 적지 않다. 「신(神)」, 「아내의 손」, 「익혀서 살만 바른 밤(栗)」, 「감기(感氣)」, 「살다가 보면」, 「종합병원 근처」등등이 개인적 이야기를 담고 있다. 그렇지만 개인적인 이야기를 담은 작품들도 소회를 담담하게 드러내거나 가족과 친지들에 대한 애정과 그리움을 담고 있어 앞의 시집의 작품들과는 다른 모습이다.

4.

시집 『덕천강』에서 눈에 띄는 것들을 중심으로 개략적으로 살펴보았지만, 앞서 발표한 시집의 작품들과는 다른 모습을 보이고 있다. '역사와 민중들'에 대한 시인의 애정과 기대는 변함이 없으나 그것을 담아내는 것은 시인이 살고 있는 인근의 유적들을 대상으로 하고 있다. 생활 주변의 사물들에 대한 시인의 눈이 달라진 것이다. 그것은 사물을 대하는 시인의 태도에서도 드러났다. 매일같이 접하는 생활 주위의 소소한 사물들을 소중하게 여기고 새롭게 보게 되었다. 사물에 대한 인식의 전환이 일어난 것이다. 시인이 살아온 연륜만큼 깊어진 호흡과 넉넉해진 시선 덕분이다. 양곡 시인의 시에서 드러나는 특징이자 문제로 지적되곤 했던 개인적 이야기들도 많이 담담해졌다. 그것도 시인이 힘든 세월을 묵묵히 견디어 낸 덕분이다.

이제 양곡 시인은 흔히 말하는 환갑에서 일 년이 지난 노년의 초입에 들어섰다. 시작(詩作)의 원숙함과 느슨함의 경계에 있다. 시집의 서문에서도 언급한 '죽고 나서도 많은 사람들에게 읽혀지는 참된 시'는 양곡만의 바람이 아닐 것이다. 시집 『덕천강』에서 그 가능성을 조심스럽게 점쳐본다. 「고백(告白)」같은 작품이 아닌가 싶다.

양 곡 시집
덕천강

2020년 5월 25일 초판 인쇄
2020년 5월 30일 초판 발행

지은이 / 양일동 (양 곡)

발행인 / 강병욱
발행처 / 도서출판 교음사

03147 서울 종로구 삼일대로 457 수운회관 1308호
Tel (02) 737-7081, 739-7879(Fax)
e-mail / gyoeum@daum.net
등록 / 제 2007-00052호

* 잘못된 책은 바꾸어 드립니다. 값 10,000 원

ISBN 978-89-7814-777-4 03810

이 도서의 국립중앙도서관 출판예정도서목록(CIP)은 서지정보유통지원시스템 홈페이지(http://seoji.nl.go.kr)와 국가자료공동목록시스템(http://www.nl.go.kr/kolisnet)에서 이용하실 수 있습니다. (CIP제어번호 : CIP2020021068)

후원 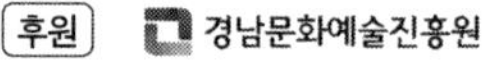

- 이 도서는 경남문화예술진흥원으로부터 발간비 일부를 지원받아 제작되었습니다.